ESPRESSO

... zu jeder Zeit!

Klein, aromatisch und stark, gekrönt von einem Schaumhäubchen – so lieben die Italiener ihren schnellen »caffè«, den sie zu jeder Tageszeit genießen. Mal solo, mal mit Milch als Cappuccino oder Latte macchiato. Immer steht der Espresso für eine kleine Pause, Entspannung. Und auch für einen kleinen Imbiss, der mal süß und mal pikant sein kann. So lässt sich auch bei uns schnell ein Stückchen südländischer Lebensart genießen.

ESPRESSO – AUS DER MASCHINE

➤ Grundrezept

Mit einer Espressomaschine geht es fast von selbst

Zutaten für 2 Tassen:

- *frisches, kalkarmes Wasser oder stilles, kalziumarmes Mineralwasser*
- *2 Messlöffel à 6–7 g Espresso-Kaffeepulver, möglichst frisch gemahlen*
- *feiner Streuzucker (weiß oder braun)*

ZUBEREITUNGSZEIT: 10 MIN.

1 Espressotassen vorwärmen (zum Beispiel mit kochend heißem Wasser füllen). Die Maschine nach Herstellerangabe mit frischem Wasser füllen und erhitzen.

2 Den Filtereinsatz mit dem Espressopulver füllen, nur leicht andrücken (nicht pressen) und die Oberfläche glatt streichen.

3 Den Filtereinsatz nach Gebrauchsanleitung einsetzen. Sobald das Wasser in der Maschine heiß genug ist, die Espressotassen (vorher das heiße Wasser ausgießen und die Tassen trocknen) unter die Auslauföffnungen stellen. Den Espresso in die Tassen laufen lassen.

4 Der Espresso ist perfekt, wenn das Schaumhäubchen, die »Crema«, nussbraun und leicht marmoriert ist. Es muss so dicht sein, dass darauf gestreuter Zucker nicht sofort einsinkt. Sofort glühend heiß servieren, den Zucker extra dazu reichen.

TIPPS: Lassen Sie sich beraten, wenn Sie eine elektrische **Espressomaschine** kaufen wollen, es gibt eine Reihe unterschiedlicher Systeme. Achten Sie darauf, dass die Maschine auch ein Dampfrohr zum Aufschäumen von Milch für Cappuccino hat.
Italienische Kaffeemischungen für Espresso sind besonders dunkel geröstet und enthalten weniger Koffein als andere Sorten.
Ob der Mahlgrad des Pulvers für Ihre Maschine optimal ist, erkennen Sie an der »Crema« und an der Durchlaufzeit: Sie sollte 15 bis 20 Sek. betragen.

CAPPUCCINO

➤ schnell gemacht

Beliebt als Morgengetränk oder zwischendurch zu süßem Gebäck

Zutaten für 2 Tassen:

- *ca. 75 ml kühlschrankkalte fettarme Milch (1,5 % Fett, keine H-Milch)*
- *2 Portionen starker Espresso, frisch zubereitet (siehe Seiten 4/5 oder 18/19)*
- *etwas Kakaopulver zum Bestäuben*
- *feiner Streuzucker (weiß oder braun)*

ZUBEREITUNGSZEIT: 15 MIN.

1 Große Kaffeetassen oder Kaffeebecher vorwärmen (im Backofen bei 50° oder mit kochend heißem Wasser füllen).

2 Die Milch in ein hitzefestes Kännchen füllen. Das Kännchen so unter die Dampfdüse der Espressomaschine halten, dass sie nicht ganz bis zum Boden eintaucht. Langsam und vorsichtig die Düse öffnen, bis so viel Dampf austritt, dass es leise zischt.

3 Das Kännchen auf und ab bewegen, bis die Milch heiß und von einer dichten, festen Schaumschicht gekrönt ist. Den heißen Espresso auf die Tassen (eventuell vorher das Wasser ausgießen und die Tassen trocknen) verteilen, die aufgeschäumte Milch zügig aufgießen, damit sie sich mit dem Kaffee vermischt. Nicht umrühren.

4 Mit etwas Kakaopulver überpudern und sofort servieren, den Zucker extra dazu reichen.

TIPPS: Das Erhitzen mit der Dampfdüse muss man etwas üben. Ragt die Düse zu tief in die Milch, entstehen zu dicke Blasen. Ist sie dagegen zu weit oben, spritzt die Milch heraus. Durch langsames Auf- und Abbewegen des Kännchens finden Sie die richtige Stellung. Kalte Milch lässt sich leichter aufschäumen als zimmerwarme, zu fettreiche beeinträchtigt das Aroma des Kaffees.

Wer keine Espressomaschine mit Dampfdüse hat, kann auch ein **Milchaufschäumer-Kännchen** nehmen: etwa 60° heiße Milch einfüllen und mit einem Stampfer in Schaum verwandeln.

LATTE MACCHIATO

➤ gelingt leicht

Zum Frühstück und zu pikanten Zwischenmahlzeiten ideal

Zutaten für 2 hitzebeständige Gläser oder 2 Kaffeebecher (à 250 ml):

- *ca. 350 ml kühlschrankkalte fettarme Milch (1,5 % Fett, keine H-Milch)*
- *2 Portionen extra starker Espresso, frisch zubereitet (siehe Seiten 4/5 oder 18/19)*
- *feiner Streuzucker (weiß oder braun)*

ZUBEREITUNGSZEIT: 15 MIN.

1 Gläser oder Kaffeebecher bereitstellen (sie müssen nicht vorgewärmt werden).

2 Die kalte Milch in eine hitzebeständige Kanne füllen und so unter die Dampfdüse der Espressomaschine halten, dass diese nicht ganz bis zum Boden in die Milch eintaucht. Langsam und vorsichtig die Düse öffnen, bis der Dampf leise zischt.

3 Die Kanne nicht auf und ab, sondern hin und her bewegen, damit die Milch heiß wird, aber nur wenig Schaum bildet.

4 Wenn die Milch etwa 60° heiß ist (es steigt dann ein zartes Dampfwölkchen auf), gleichmäßig auf die Gläser verteilen und sofort den Espresso mit einer einzigen kreisförmigen Bewegung dazugießen, aber nicht vermischen. Mit langen Löffeln servieren, den Zucker extra dazu reichen.

! **TIPPS:** Die Milch kann auch einfach in einem Topf auf dem Herd erhitzt werden.
»Latte macchiato«, die **»gefleckte Milch«**, ist in Italien ein typisches Pausengetränk. Im Gegensatz zum Cappuccino, bei dem Espresso und Milch in etwa gleichem Verhältnis gemischt werden, überwiegt beim »macchiato« die Milch, die durch den Kaffee nur gesprenkelt und aromatisiert wird.
Vor dem Servieren nicht umrühren, damit das schöne Farbenspiel von Weiß und Braun zur Geltung kommt.

TRAMEZZINI MIT TOMATENBUTTER

➤ schnell gemacht

Lecker belegte Brotdreiecke, beliebter Imbiss in Espressobars

Zutaten für 4 Personen:

- *2 Knoblauchzehen*
- *4 getrocknete Tomaten in Olivenöl*
- *grobes Meersalz*
- *60 g weiche Butter*
- *1 Kästchen Gartenkresse*
- *8 Scheiben Kastenweißbrot oder Toastbrot*
- *8 dünne Scheiben gekochter Schinken*

ZUBEREITUNGSZEIT: 20 MIN.
PRO PORTION ETWA: 1850 KJ/440 KCAL

1 Den Knoblauch schälen und grob hacken. Die getrockneten Tomaten abtropfen lassen, das Fruchtfleisch mit einem Messer von den Häuten abschaben und (am besten in einem Mörser) mit einer Prise grobem Salz und dem Knoblauch zerdrücken. Mit der Butter vermischen.

2 Die Kresse waschen, die Blättchen mit einer Schere abschneiden. Die Weißbrot- oder Toastbrotscheiben einseitig mit der Tomatenbutter bestreichen. Die Hälfte der Brotscheiben mit Schinken belegen, mit Kresseblättchen bestreuen. Die übrigen Brotscheiben mit der bestrichenen Seite darauf legen und gut andrücken.

3 Die Ränder so gerade schneiden, dass die Brotrinde entfernt ist. Die Tramezzini diagonal halbieren und zur Hälfte mit Papierservietten umwickeln.

! **VARIANTE:** Für **vegetarische Tramezzini** etwa 250 g Champignons putzen, feinblättrig schneiden und in Olivenöl bei starker Hitze 5–7 Min. braten, salzen und pfeffern. Die abgekühlten Pilze statt Schinken auf die Brote legen.

PANINI NEAPOLITANISCHE ART

➤ würzig

Heiße gefüllte Brötchen, die auch als Abendessen schmecken

Zutaten für 4 Personen:

- *2 Kugeln Mozzarella à 125 g*
- *125 g milder Parmaschinken (oder gekochter Schinken) in dicken Scheiben*
- *2 EL gehackte Petersilie*
- *1 EL gehackter frischer Oregano*
- *schwarzer Pfeffer*
- *Muskatnuss, frisch gerieben*
- *4 große runde oder längliche italienische Brötchen (Panini)*
- *2–3 EL Butter*
- *Alufolie*

ZUBEREITUNGSZEIT: 15 MIN.
BACKZEIT: 15 MIN.
PRO PORTION ETWA: 1950 KJ/460 KCAL

1 Die Mozzarellakugeln abtropfen lassen und klein würfeln. Den Schinken ebenfalls klein würfeln. Mozzarella und Schinken mit gehackter Petersilie und Oregano, Pfeffer und etwas Muskatnuss vermischen.

2 Den Backofen auf 180° (Umluft 160°) vorheizen. Von den Brötchen jeweils einen Deckel abschneiden und die Krume bis auf einen etwa 1 cm dicken Rand auslösen. Die Brötchen innen mit Butter bestreichen und mit der Mozzarella-Schinken-Mischung füllen.

3 Die Deckel wieder auf die Brote setzen. Die Brötchen in Alufolie wickeln und im Ofen (Mitte) 15 Min. backen. Die Panini aus der Folie wickeln und heiß servieren.

! **VARIANTE:** Auf **sizilianische Art** werden die Brötchen mit einer Mischung aus Schinken-, Salami- und Mortadellawürfeln gefüllt. Die Mozzarellawürfel mit etwas Ricotta und 1 Ei vermischen und darüber verteilen. Alles mit geriebenem Parmesan bestreuen und offen im Ofen überbacken, bis die Oberfläche schön gebräunt ist.

CIABATTA MIT ZWIEBELFRITTATA

➤ lässt sich gut vorbereiten

Das traditionelle Arbeiterfrühstück ist auch praktisch fürs Büro

Zutaten für 4 Personen:

- *2 Zwiebeln*
- *8 EL Olivenöl*
- *8 Eier*
- *Salz*
- *schwarzer Pfeffer*
- *2 reife Tomaten*
- *2 kleine Ciabatta-Brote*

ZUBEREITUNGSZEIT: 40 MIN.
PRO PORTION ETWA: 2180 KJ/520 KCAL

1 Die Zwiebeln schälen und halbieren, die Hälften in dünne Scheiben schneiden. In einer Pfanne das Öl erhitzen, die Zwiebelscheiben darin bei schwacher Hitze in etwa 15 Min. goldgelb dünsten.

2 In einer Schüssel die Eier mit Salz und Pfeffer verschlagen, sie dürfen aber nicht schaumig werden. Die Eier zu den Zwiebeln gießen und bei mittlerer Hitze in 7–10 Min. stocken lassen, auf einen flachen Teller oder Topfdeckel gleiten lassen und mit der ungebackenen Seite nach unten wieder in die Pfanne geben. Das Omelett (»Frittata«) noch etwa 3 Min. backen.

3 Die Tomaten waschen, die Stielansätze entfernen. Die Tomaten in Scheiben schneiden. Die Brote aufschneiden, quer halbieren und die Frittata auf den unteren Hälften verteilen. Die Tomatenscheiben darübergeben, etwas salzen und pfeffern. Die anderen Brothälften darauf legen und die Ciabatta gleich oder abgekühlt servieren.

! **TIPPS:** Die Zwiebeln schön langsam anbraten, damit sie weich und goldgelb werden. Sie können auch für jede Portion eine **Extra-Frittata** (aus jeweils der Hälfte der Zutaten) zubereiten, auf das aufgeschnittene Brot legen und die Ränder nach innen schlagen.

GEFÜLLTES BROT MIT PAPRIKA

➤ fürs Picknick

Ein echter Sattmacher mit Sardellen, Wurst und Käse

Zutaten für 4 Personen:

- *2 Knoblauchzehen*
- *4 EL Olivenöl*
- *1 rundes italienisches Landbrot oder Fladenbrot*
- *200 g gehäutete rote Paprikaschoten (aus dem Glas)*
- *4 eingelegte Peperoncini (Chilischoten) nach Belieben*
- *4 Sardellenfilets*
- *75 g Gorgonzola mit Mascarpone*
- *350 g Aufschnitt (Salami, Parmaschinken, Mortadella)*
- *100 g Provolone- oder Taleggio-Käse in Scheiben*
- *1 EL Weißweinessig*
- *Alufolie*

1 Den Knoblauch schälen, durch die Presse drücken und mit dem Öl verrühren. Das Brot waagrecht halbieren, die Schnittflächen mit dem Knoblauchöl beträufeln und dieses kurz einziehen lassen.

2 Die Paprikaschoten und nach Belieben die Peperoncini abtropfen lassen und in Streifen schneiden. Die Sardellen kalt abspülen, mit Küchenpapier trocknen und in Stücke schneiden.

3 Die untere Hälfte des Brotes mit dem Gorgonzola bestreichen, darauf die Wurst- und Schinkenscheiben legen und mit Käsescheiben abdecken.

4 Die Paprikaschoten, Peperoncini und Sardellen darauf legen, mit etwas Essig beträufeln und mit der oberen Brothälfte abdecken. Das Brot fest in Folie einwickeln und 1 Std. durchziehen lassen. Zum Servieren wie eine Torte in Stücke schneiden.

ZUBEREITUNGSZEIT: 20 MIN.
RUHEZEIT: 1 STD.
PRO PORTION ETWA: 3660 KJ/870 KCAL

TIPPS: Gorgonzola mit Mascarpone finden Sie fertig in der Käsetheke. Oder rühren Sie selbst gleiche Mengen Gorgonzola und Mascarpone oder Sahnequark zu einer cremigen Masse.

Zubereitung mit der Espressokanne

1 Die Espressotassen vorwärmen, die Espressokanne aufschrauben und mit der entsprechenden Wassermenge (mit einer Espressotasse abmessen) füllen, das Ventil darf nicht bedeckt sein.

2 Pro Tasse 1 Messlöffel (ca. 7 g) Espressokaffee in den Siebeinsatz füllen. Die Oberfläche glatt streichen, das Kaffeepulver aber nicht anpressen. Das Sieb in das Kannenunterteil setzen.

3 Den Rand des Siebes säubern, es darf kein Körnchen darauf sein. Oberteil der Kanne fest aufschrauben und die Kanne mit offenem Deckel auf die Herdplatte stellen. Auf höchster Stufe erhitzen.

4 Ein Schüsselchen mit Zucker (1 TL pro Tasse) bereithalten. Sobald die ersten Tropfen Espresso aus dem Steigrohr fließen, die Kanne vom Herd nehmen und den Kaffee zum Zucker gießen.

5 Kanne mit geschlossenem Deckel wieder auf den Herd stellen. Die Kaffee-Zucker-Mischung mit einem Kaffeelöffel kräftig verrühren, bis die Masse ganz cremig ist. Auf die Espressotassen verteilen.

6 Sobald das Wasser in der Kanne blubbert, die Kanne vom Herd nehmen, einen Moment warten, bis sich das Wasser beruhigt hat. Den Deckel öffnen und den Espresso einmal umrühren.

7 Den fertigen Espresso zügig und mit Schwung über die Zuckermasse in den Tassen gießen und sofort, ohne umzurühren, servieren. Zucker zum Nachsüßen extra dazu reichen.

8 Die abgekühlte Kanne auseinander nehmen, Kaffeepulver vorsichtig ausklopfen, damit sich der Siebeinsatz nicht verbiegt. Alles mit etwas Spülmittel reinigen und offen trocknen lassen.

AMARETTI (KLEINE MANDELPLÄTZCHEN)

➤ gelingt leicht

Das klassische »Zuckerl« zum kleinen Espresso

Zutaten für 3 Bleche (insgesamt ca. 100 Stück):

- *2 Eiweiße (von Eiern der Größe L)*
- *1 Prise Salz*
- *175 g brauner Zucker*
- *3–4 Tropfen Bittermandelöl (Apotheke)*
- *1 TL Zimtpulver*
- *abgeriebene Schale von 1/2 unbehandelten Zitrone*
- *200 g gemahlene Mandeln (aus ungehäuteten Mandeln)*
- *Backpapier und Mehl für das Blech*

ZUBEREITUNGSZEIT: 1 STD.
BACKZEIT: JE BLECH 20–25 MIN.
PRO STÜCK ETWA: 84 KJ/20 KCAL

1 Die Eiweiße mit Salz in eine Schüssel geben und mit den Schneebesen des Handrührgerätes zu festem Schnee schlagen. Nach und nach den Zucker dazugeben und so lange weiter schlagen, bis sich der Zucker aufgelöst hat und der Eischnee glänzt.

2 Bittermandelöl, Zimt und Zitronenschale untermischen, die gemahlenen Mandeln einrühren. 10 Min. quellen lassen.

3 Inzwischen den Backofen auf 160° (Umluft 150°) vorheizen. Jeweils ein Backblech mit Backpapier belegen und dünn mit Mehl bestreuen. Mit zwei Teelöffeln haselnussgroße Mengen von der Teigmasse abstechen und mit 2 cm Abstand als kleine Kugeln aufs Backblech setzen.

4 Das Blech in den Ofen (Mitte) schieben und die Amaretti in 20–25 Min. nussbraun backen. Sie sind perfekt, wenn sie außen knusprig und innen noch weich sind. Die Amaretti 5 Min. auf dem Backpapier abkühlen lassen, umdrehen und auf einem Kuchengitter ganz auskühlen lassen.

!

TIPPS: Reines Bittermandelöl gibt es in der Apotheke (evtl. bestellen lassen, 10 ml reichen lange). Bittermandelaroma aus dem Supermarkt ist ein künstliches Aroma. Die Amaretti völlig abgekühlt in einer Blechdose aufheben.

CANTUCCI (MANDELGEBÄCK)

➤ Spezialität aus der Toskana

Kekse, die in Espresso oder Dessertwein getunkt werden

Zutaten für 1 Blech (ca. 50 Stück):

- *200 g Mandeln (ungehäutet)*
- *2 Eier (Größe M)*
- *200 g Zucker*
- *250 g Mehl*
- *1 TL Trockenhefe*
- *Backpapier oder Butter und Mehl für das Backblech*

ZUBEREITUNGSZEIT: 1 STD.
RUHEZEIT: 30 MIN.
BACKZEIT: 40 MIN.
PRO STÜCK ETWA: 250 KJ/60 KCAL

1 Die Mandeln mit kochendem Wasser übergießen, kurz ziehen lassen. Das Wasser abgießen und die braunen Häute der Mandeln abziehen. Die Mandeln längs halbieren und in einer trockenen Pfanne bei mittlerer Hitze unter Rühren leicht anbräunen. Beiseite stellen.

2 Die Eier mit dem Zucker in eine Schüssel geben und mit den Schneebesen des Handrührgerätes dickschaumig rühren, bis sich der Zucker vollständig aufgelöst hat.

3 Das Mehl mit der Hefe mischen, über die Eiercreme sieben. Die Mandelhälften dazugeben und alles gründlich verrühren. Die Schüssel zudecken und den Teig an einem warmen Platz 30 Min. gehen lassen, bis er deutlich aufgegangen ist.

4 Den Backofen auf 175° vorheizen. Ein Backblech mit Backpapier auslegen oder einfetten und mit Mehl bestreuen. Aus dem Teig ca. 3 cm dicke Teigrollen formen und aufs Blech legen. Im Backofen (Mitte, Umluft 160°) etwa 40 Min. backen, bis die Oberfläche der Rollen gebräunt ist.

5 Die Teigrollen herausnehmen und sofort mit einem scharfen Messer schräg in 1 cm breite Stücke schneiden. Auf einem Kuchengitter abkühlen lassen. Wenn die Schnitten vollständig ausgekühlt sind, in einer Dose luftdicht verpackt aufbewahren.

! **TIPP:** Etwas **ältere Mandeln** schmecken wie frisch, wenn sie über Nacht in kaltem Wasser eingeweicht werden. Danach lässt sich die braune Haut ohne Überbrühen leicht abziehen.

PIEMONTESER ROSINENBRÖTCHEN

➤ lässt sich gut vorbereiten

Süße Brötchen zu Cappuccino oder Latte macchiato

Zutaten für 16 Brötchen:

- *1 Pck. Trockenhefe oder 1 Würfel frische Hefe*
- *250 g Mehl (Type 550)*
- *200 g feines Maismehl*
- *60 g Zucker*
- *je 30 g Butter und Schweineschmalz*
- *1 Prise Salz*
- *100 g ungeschwefelte Rosinen*
- *Backpapier fürs Blech*

ZUBEREITUNGSZEIT: 35 MIN.
RUHEZEIT: 2 STD.
BACKZEIT: 20–30 MIN.
PRO STÜCK ETWA: 670 KJ/160 KCAL

1 Für den Teigansatz die Hefe mit 125 g Mehl und 100 ml warmem Wasser verrühren, abdecken und 1 Std. an einem warmen Ort gehen lassen.

2 Den Teigansatz mit dem übrigen Mehl, dem Maismehl, Zucker, Butter, Schweineschmalz, Salz und noch etwa 100 ml warmem Wasser zu einem geschmeidigen Teig vermischen. Kräftig kneten, dann die Rosinen zugeben und unterkneten.

3 Den Teig in 16 Stücke teilen und diese zu kleinen, länglichen Brötchen formen. Die Brötchen auf 2 mit Backpapier belegte Bleche geben. Die Oberfläche jeweils mit einem angefeuchteten Messer mehrmals kreuzweise einschneiden. Die Brötchen mit einem Tuch abdecken und an einem warmen Platz etwa 1 Std. gehen lassen, bis sich ihr Volumen verdoppelt hat.

4 Den Backofen auf 220° vorheizen. Die Brötchen im heißen Ofen (Mitte, Umluft 200°) 20–30 Minuten backen, bis sie hellbraun sind. Auf einem Kuchengitter vollständig abkühlen lassen.

! **TIPP:** Die Brötchen schmecken am besten ganz frisch, lassen sich aber auch gut **einfrieren** und dann wieder aufbacken (im vorgeheizten Ofen bei 200° etwa 10 Min.).

TIRAMISU MIT SAHNEQUARK

➤ für Partys

Ist leichter als der Klassiker, schmeckt aber genauso gut

Zutaten für 4 Personen:

- *2 Tässchen Espresso (siehe Seiten 4/5 oder 18/19)*
- *1–2 EL Kaffeelikör oder Amaretto (Mandellikör)*
- *200 g kalte Sahne*
- *3 EL Zucker*
- *250 g Sahnequark*
- *1 TL echter Vanillezucker*
- *1 Pck. Löffelbiskuits (150 g)*
- *1 EL Kakaopulver*
- *50 g kalte Zartbitterschokolade*

ZUBEREITUNGSZEIT: 35 MIN.
KÜHLZEIT: 2 STD.
PRO PORTION ETWA: 2010 KJ/480 KCAL

1 Den Espresso abkühlen lassen und mit dem Likör vermischen. Die Sahne und 1 EL Zucker mit den Schneebesen des Handrührgerätes steif schlagen.

2 Den Quark mit dem Vanillezucker und dem übrigen Zucker cremig rühren, etwas Schlagsahne untermischen, dann die übrige Sahne locker unterheben.

3 Eine dünne Schicht von der Quarkcreme in eine flache, möglichst rechteckige Schüssel streichen, die Löffelbiskuits mit der ungezuckerten Seite 1–2 Sek. in den Espresso tauchen, auf die Quarkschicht legen und etwas eindrücken.

4 Wieder eine Schicht Quarkcreme in die Schüssel füllen und mit getränkten Biskuits belegen. Mit restlicher Creme abschließen. Für 2 Std. in den Kühlschrank stellen.

5 Tiramisu kurz vor dem Servieren mit dem Kakaopulver bestreuen. Die kalte Schokolade mit einer Rohkostreibe darüber reiben.

! **TIPPS:** Tiramisu (»Zieh mich hoch«) wird original mit **Mascarpone**, einem fetten, weichen Frischkäse, und Eiern zubereitet – was das Dessert recht gehaltvoll macht.
Tiramisu kann im Sommer auch leicht angefroren serviert werden: in Stücke schneiden und auf mit Kakao bestäubten Tellern anrichten.

ESPRESSO-GRANITA

➤ raffiniert

Körniges Eis aus starkem Espresso – erfrischendes Sommerdessert

Zutaten für 4 Personen:

- *1 Vanilleschote*
- *250 ml doppelt starker Espresso (siehe Seiten 4/5 oder 18/19)*
- *85 g Zucker*
- *125 g kalte Sahne*

ZUBEREITUNGSZEIT: 30 MIN.
GEFRIERZEIT: 2 STD.
PRO PORTION ETWA: 760 KJ/180 KCAL

1 Vanilleschote längs aufschlitzen und das Mark auskratzen. Schote und Mark in eine Schüssel geben, mit dem heißen Espresso übergießen und abkühlen lassen.

2 75 g Zucker mit 250 ml Wasser in einen Topf geben und erhitzen, dabei rühren, bis sich der Zucker aufgelöst hat. Den Sirup 1 Min. kräftig sprudelnd kochen, dann abkühlen lassen. Den Espresso durch ein Sieb dazugießen und untermischen.

3 Die Mischung in eine Metallschale füllen und für 2 Std. ins Tiefkühlgerät stellen. Dabei etwa alle 30 Min. die Masse mit einer Gabel oder dem Schneebesen kräftig (besonders am Rand, wo die Masse zuerst gefriert) durchrühren, damit sich keine großen Eiskristalle bilden.

4 Wenn die Espressomischung wie feuchter Schnee ist, ist sie genügend gefroren. Noch einmal kräftig durchrühren und wieder in das Tiefkühlgerät stellen.

5 Die Sahne mit dem restlichen Zucker halb steif schlagen. Die Granita auf Gläser verteilen und mit der Schlagsahne bedecken. Sofort servieren.

TIPPS: Der Espresso muss sehr stark sein, weil er beim Gefrieren an Aroma und Geschmack verliert.
Wird die fertige Granita nicht gleich serviert, zugedeckt im Gefrierfach aufheben, dann leicht antauen lassen und im Blitzhacker körnig zerkleinern.
Statt Sahne schmeckt auch ein Löffel **Eierlikör** als Krönung.

SÜDTIROLER GEWÜRZKUCHEN

➤ gelingt leicht

Saftiger Kuchen mit Schokolade, passt gut zum Cappuccino

Zutaten für 1 Kastenform (25 cm Kantenlänge):

- *4 Eier (Größe M)*
- *125 g weiche Butter*
- *200 g brauner Zucker*
- *200 g gemahlene Haselnüsse*
- *50 g gehackte Haselnüsse*
- *je 1/2 TL Zimt- und Nelkenpulver, gemahlener Piment, Anis*
- *4 EL Sahne*
- *125 g Mehl*
- *2 TL Backpulver*
- *150 g Nougat*
- *1 Prise Salz*
- *Fett für die Form*

ZUBEREITUNGSZEIT: 30 MIN.
BACKZEIT: 1 STD.
BEI 16 STÜCKEN PRO STÜCK ETWA:
1260 KJ/300 KCAL

1 Die Eier trennen. Die Butter in einer Schüssel mit dem Zucker weich und cremig rühren, die Eigelbe zugeben und alles kräftig schaumig schlagen. Die gemahlenen und die gehackten Haselnüsse, Gewürze und die Sahne dazugeben.

2 Das Mehl mit dem Backpulver vermischen und nach und nach unter die Eiercreme rühren. Den Nougat in kleine Würfel schneiden und hinzufügen.

3 Den Backofen auf 180° vorheizen. Die Eiweiße mit Salz zu steifem Schnee schlagen, unter den Teig heben. Die Form einfetten und den Teig einfüllen. Im Ofen (Mitte, Umluft 160°) etwa 1 Std. backen, bis an einem eingestochenen Holzstäbchen kein Teig mehr klebt.

4 Den Kuchen kurz in der Form ruhen lassen, dann auf ein Kuchengitter stürzen und vollständig abkühlen lassen.

TIPP: Sie können den Kuchen auch nach dem Abkühlen mit einer **Schokoglasur** überziehen und mit kandierten Kirschen verzieren.

MAILÄNDER ESPRESSOKUCHEN

➤ für Partys

Saftiger Rührkuchen, prima zu Latte macchiato oder Cappuccino

Zutaten für 1 runde Kuchenform (25 cm ø):

- *200 g Walnusskerne*
- *250 g Mehl*
- *1 EL Backpulver*
- *100 g weiche Butter*
- *250 g Zucker*
- *2 Eier (Größe L)*
- *100–150 ml kalter Espresso (siehe Seiten 4/5 oder 18/19)*
- *Fett und Mehl für die Form*

ZUBEREITUNGSZEIT: 30 MIN.
BACKZEIT: 1 STD.
BEI 16 STÜCKEN PRO STÜCK ETWA: 1090 KJ/260 KCAL

1 Die Walnusskerne mit dem Blitzhacker oder mit einem großen Messer sehr fein hacken. Das Mehl in einer Schüssel mit dem Backpulver vermischen.

2 In einer zweiten Schüssel die Butter mit dem Zucker so lange kräftig verrühren, bis die Masse schaumig und hell ist. Die Eier einzeln dazugeben und unterrühren.

3 Abwechselnd etwas Mehlmischung und so viel Espresso unter die Eiercreme rühren, bis der Teig glatt und dickflüssig ist. Die gehackten Walnüsse unterheben.

4 Den Backofen auf 180° vorheizen. Die Form gut einfetten und mit Mehl ausstreuen, überschüssiges Mehl aus der Form schütten. Den Teig einfüllen. Den Kuchen im Ofen (Mitte, Umluft 160°) etwa 1 Std. backen, bis an einem Holzstäbchen, das man in die Mitte des Kuchens sticht, kein Teig mehr kleben bleibt.

5 Den Kuchen in der Form kurz abkühlen lassen, dann auf ein Kuchengitter stürzen und ganz erkalten lassen. Eventuell mit Schokospänen dekorieren.

! **TIPP:** Statt mit Walnüssen schmeckt der Kuchen auch mit **gemahlenen Mandeln** (aus ungehäuteten Mandeln).

Impressum

➤ *Die Temperaturangaben* bei Gasherden variieren von Hersteller zu Hersteller. Welche Stufe Ihres Herdes der jeweils angegebenen Temperatur entspricht, entnehmen Sie bitte der Gebrauchsanweisung. Bei Elektroherden können die Backzeiten je nach Herd variieren.

Redaktion: Sigrid Burghard
Lektorat: Linde Wiesner
Umschlag- und Innenlayout: independent Medien-Design
Fotos: FoodPhotography Eising / Martina Görlach / Andrea Holzer
Herstellung: Petra Roth
Satz: EDV-Fotosatz Huber / Verlagsservice G. Pfeifer, Germering
Reproduktionen: Penta Repro München
Druck und Bindung: Alcione
ISBN: 3-7742-3238-5

Auflage: 5. 4.
Jahr: 2005 2004 2003

GRÄFE UND UNZER

Ein Unternehmen der
GANSKE VERLAGSGRUPPE